30 días de esperanza para madres solteras

Una esperanza que renueva la energía, visión y vida

Lois M. Breit

Copyright © 2018 Lois M. Breit
ISBN: 978-0-9887398-4-0
Traducido por: Orpha C. Pérez
Formato por: Pamela Beaudry
Portada por: Vicki Higgins/Higgins Design

Todas las citas bíblicas se tomaron de la Nueva Traducción Viviente (NTV), Nueva Versión Internacional (NVI), Reina Valera 1960 (RVR) o Nueva Traducción Internacional (MSG)

Todos los derechos reservados. Ninguna parte de esta publicación puede ser reproducida, almacenada en un sistema de recuperación de datos o transmitida, de ninguna forma o por ningún medio electrónico, mecánico, grabada, fotocopiada u otro, sin la autorización por escrito del dueño de los derechos reservados y la editorial que publicó este libro, excepto por un crítico que cite breves pasajes en su reseña.

Escanear, subir o distribuir este libro por Internet o por otros medios sin el permiso de la editorial es ilegal y está penado por la ley. Por favor compre sólo las ediciones electrónicas autorizadas y no participe o fomente la piratería electrónica de materiales con registro de propiedad. Se agradece tu apoyo a los derechos de autor.

Dedicado a Doug, Peter, Jill, Ben y Pamela.
Ustedes siempre me alientan e inspiran.

Las historias en este devocional son verdaderas, pero los nombres han sido cambiados.

Introducción

Escribí este devocional para animar y darles esperanza a todas las mujeres, pero especialmente a las madres solteras. Si has perdido la esperanza debido a un hijo rebelde, un problema de salud o la pérdida de un trabajo, de una casa o de un ser amado, el Dios de esperanza desea "llenarte de gozo y paz... y que reboses de esperanza".

Elegí diferentes temas en este libro que nos retan como mujeres y madres. La vida puede parecer abrumadora en ciertas circunstancias, pero Dios siempre nos da esperanza. Algunas de las actividades diarias pueden parecer insignificantes; sin embargo, tratar de encontrar una guardería segura o transporte económico se convierte en un tema estresante cuando tu trabajo y medios de sostenimiento están en juego.

Mi oración es que te acerques más a Dios, la fuente de esperanza, que al leer estas Escrituras, enfrentes los retos de cada día y seas testigo de la fidelidad de Dios.

Y el Dios de esperanza os llene de todo gozo y paz en el creer, para que abundéis en esperanza por el poder del Espíritu Santo.

Romanos 15:13 (RVR)

Índice de contenidos

Día 1	**Esperanza perdida**-*Encuéntrala*	1
Día 2	**Profesión** - *Cámbiala*	5
Día 3	**Guardería** - *Investiga*	9
Día 4	**Cocinar** - *Disfrútalo*	13
Día 5	**Familia** - *Cree*	15
Día 6	**Custodia** - *Ora*	19
Día 7	**Determinación** - *Fortalécela*	23
Día 8	**Finanzas** - *Cuídalas*	27
Día 9	**Discapacidad** - *Prevalece sobre ella*	31
Día 10	**Culpa** - *Véncela*	35
Día 11	**Vida** - *Elígela*	37
Día 12	**Salud** - *Cuídala*	41
Día 13	*Gozo* - *Deléitate en él*	45
Día 14	**Justicia** -*Búscala*	47
Día 15	**Legado** - *Desarróllalo*	51

Día 16	**Mejores días vienen** - *Espéralos*	55
Día 17	**Amor** - *Expándelo*	57
Día 18	**Paz** - *Descansa en ella*	61
Día 19	**Posibilidades** - *Sueña*	65
Día 20	**Protección** - *Hazla tu prioridad*	69
Día 21	**Reconciliación** - *Búscala*	71
Día 22	**Respeto** - *Gánatelo*	75
Día 23	**Amistades** - *Fórjalas*	79
Día 24	**Corazón fuerte** - *Edifícalo*	83
Día 25	**Éxito** - *Alcánzalo*	85
Día 26	**Hoy** - *Recíbela*	87
Día 27	**Mañana** - *Espérala*	89
Día 28	**Transporte** - *Pruébalo*	93
Día 29	**Sabiduría** - *Aprende*	95
Día 30	**Victoria** - *Practícala*	97

Esperanza perdida — *Encuéntrala*

Y el Dios de esperanza os llene de todo gozo y paz en el creer, para que abundéis en esperanza por el poder del Espíritu Santo.
—Romanos 15:13 (RVR)

La esperanza que se demora es tormento del corazón; pero árbol de vida es el deseo cumplido.
—Proverbios 13:12 (RVR)

La mayoría de las mujeres, en algún momento de su vida, experimentarán un periodo sin esperanza. Sin embargo, como madres solteras, podemos sufrir largos periodos de desesperanza porque hemos perdido la confianza en nosotras mismas, nuestros hijos o en Dios. No creemos que pueda haber cambios, nos sentimos inútiles, ¡perdemos toda esperanza! Pensamos que Dios nos ha olvidado, que está enojado con nosotras o que simplemente no le importa.

Necesitamos a Dios y el poder del Espíritu Santo para que nuestra fue sea restaurada. La esperanza se restaura cuando dejamos de ver nuestras circunstancias, cuando soltamos lo que fue o lo que pasó, y comenzamos a ver las posibilidades otra vez. Proverbios 12:12 dice, "Árbol de vida es el deseo cumplido". Nuestra energía es renovada y el gozo regresa cuando esperamos algo, cuando hay un nuevo anhelo (esperanza) de sustituir lo que se ha perdido.

Quizás no sepas lo que el futuro traerá, pero si confías en el Señor, él promete satisfacer tus anhelos. ¿Esto significa que obtendremos lo que queremos? No. Pero sí significa que él restaurará nuestro gozo y paz, y nos colocará en un nuevo camino hacia nuevas oportunidades. Entre más tiempo te quedes sentada y te lamentes de ti misma, revivas tus derrotas o te quejes de otros, más tiempo estarás atrapada en la desesperanza y con el corazón roto.

¿Cómo encuentras la esperanza cuando te sientes desesperanzada? Ve a la fuente de la esperanza: Dios. Lee pasajes de la Biblia que desarrollen tu fe y renueven la esperanza en tu vida. Alaba y adora a Dios, incluso si no sientes hacerlo.

Hoy: No trates de abarcar todo, elige una sola cosa que te está haciendo sentir sin esperanza hoy. Pídele a Dios que te dé el alivio y ayuda que necesitas, sólo para hoy. Te ayudará si cuentas con una amiga que tenga una vida estable o un consejero que camine contigo durante este tiempo.

● ● ● ● ● ●

Jennifer perdió toda esperanza después de que su esposo murió. Renunció a su voluntad de vivir, sus hijos de repente se convirtieron en una carga en lugar de un gozo. Su aflicción sólo se hacía más profunda. Entonces asistió a un retiro para madres solteras y se dio cuenta que no era la única experimentando esas emociones y que no se estaba volviendo loca. Escuchó palabras de esperanza y las otras mujeres la rodearon con su fuerza. A veces necesitamos una de la otra; no podemos encontrar esa esperanza evasiva nosotras solas. Necesitamos la gente correcta con las actitudes correctas para sacarnos de nosotras mismas y acercarnos a Dios, en quien encontraremos esperanza otra vez.

Día 2

Esperanza para una profesión — *Cámbiala*

Tu palabra es una lámpara que guía mis pies y una luz para mi camino.   *—Salmos 119:105 (NTV)*

Quizá no sepas qué camino seguir en cuanto a tu profesión, quizá te sientas atrapada en tu trabajo, o quizá soñaste con tener una carrera, pero ese sueño parece estar cambiando. Dios con frecuencia nos lleva por diferentes trayectorias profesionales a lo largo de nuestras vidas; no necesitas considerar sólo una carrera para toda la vida.

El apóstol Pedro creyó que sería un pescador toda su vida: Dios lo hizo "pescador de hombres" como evangelista y líder de la iglesia.

El apóstol Pablo era un erudito y educador orgulloso. Él podía tener cualquier posición que deseara, pero Dios lo hizo hacedor de tiendas que viajaba como nómada, plantando iglesias a lo largo de las naciones.

Lucas era un doctor, Mateo un cobrador de impuestos, María una prostituta; sin embargo, Dios tenía una nueva dirección aparentemente imposible para cada uno de ellos. Ellos salieron hacia sus "carreras" desconocidas, confiando en Dios por algo que todavía no podían ver. No permitieron que los detuviera el miedo a lo desconocido o el miedo al fracaso.

Quizá Dios tenga algo nuevo e inusual para ti, o quizá te quiere justo donde estás. Sólo déjate guiar por él, ya sea que tengas que quedarte quieta, aceptar un ascenso o cambiar de profesión.

Cuando te sientes atrapada en un trabajo que odias, uno que no satisface tus necesidades financieras o simplemente que no va contigo; quizá sea tiempo de buscar el consejo divino.

Hoy: Escribe el trabajo de tus sueños; no te limites a uno. Pregúntate a ti misma si estás permitiendo que Dios sea "una luz para tu camino" o si sólo estás siguiendo el camino donde caíste. Recolecta información sobre tu trabajo soñado o comienza a tomar pasos en tu trabajo actual que te ayudarán a prepararte para un ascenso.

• • • • • •

Yo me había capacitado como secretaria y administradora, pero cuando estaba quebrantada y sin esperanza, Dios me envió a una iglesia donde trabajé en intendencia, luego de secretaria y luego fui pastora asociada. Después Dios me puso en un nuevo camino como misionera y escritora para madres solteras.

Tenía miedo y no me sentía apta para tomar la mayoría de estos nuevos caminos. Sin embargo, sabía que Dios me estaba guiando. Él era la luz cuando todo se veía oscuro y desconocido. Él quitaba mis temores, y eran muchos, mientras andaba paso a paso. Dios nos sigue haciendo crecer y nos cambia cuando estamos dispuestos a escuchar su voz y seguir su dirección.

Tina había trabajado en una cadena de comida rápida por muchos años. Le ofrecieron ascenderla a gerente varias veces, pero el miedo a fallar la hicieron rechazar oferta tras oferta. Se mantuvo estancada en un trabajo que no cubría sus necesidades financieras, que poco a poco iba mermando su autoestima, y que detenía su crecimiento hacia nuevas oportunidades porque escuchaba la voz del miedo, en lugar de escuchar la voz de Dios.

Guardería — *Investiga*

Y todos tus hijos serán enseñados por Jehová; y se multiplicará la paz de tus hijos.
—Isaías 54:13 (RVR)

Dios quiere que estés en paz en cuanto a quién cuida a tus hijos y de cómo serán enseñados, y quiere que tu casa esté en paz.

Encontrar la guardería adecuada es el objetivo más importante de toda mamá que trabaja. Nunca es fácil dejar a tus hijos al cuidado de alguien más, y un presupuesto ajustado puede hacer que esta decisión sea aún más difícil.

Toma tiempo para buscar guarderías calificadas, invertir tiempo en esto vale la pena. Encuentra los centros o niñeras que puedas pagar, y luego haz todas las preguntas que sean necesarias. Habla con otros padres. No seas tímida, se trata de la seguridad de tus hijos.

Ora fervientemente sobre tu decisión. Ora por tus hijos todos los días antes de dejarlos en la guardería. Escucha lo que dicen sobre el cuidado que reciben y las actividades que realizan. Si hay algo con lo que no se sienten cómodos, averigua qué está pasando.

Enseña a tus hijos sobre toques inapropiados.

Enséñales los nombres correctos de sus partes íntimas para que puedan describir con exactitud dónde han sido tocados.

Incluso los niños de edad preescolar pueden identificar toques y comportamientos correctos e incorrectos. Enséñales que mantener secretos de ti no está bien y nadie debe pedirles que lo hagan.

Dejar a tu hijo al cuidado de alguien más puede ser lo más difícil que una madre tenga que hacer, y no quieres tener remordimientos en esta área de crianza. Si eres una madre tímida y no te gusta confrontar, no tengas miedo de cambiar de guardería si lo necesitas hacer.

Hoy: Busca guarderías y sus costos. Elige las que puedas costear. Mañana comienza a preguntar a los vecinos y a otros padres sobre sus comentarios acerca de esa guardería.

● ● ● ● ● ●

Bárbara había estado llevando a sus hijos a una guardería por más de un año. Un día su hija de cuatro años comenzó a llorar cuando estaba por dejarla. Le preguntó qué pasaba y su hija le dijo que no le gustaba cuando el Sr. _____ estaba ahí porque él siempre quería hacerle cosquillas y a ella no le gustaba. Bárbara inmediatamente sacó a su hija de la guardería, dio seguimiento a los comentarios de su hija, y se encontró que ese señor se había abusado de varios niños en esa guardería. No vivas con miedo, pero sé sabia y diligente y escucha a tus hijos.

Día 4

Cocinar — *Disfrútalo*

Es como nave de mercader; trae su pan de lejos. Se levanta aun de noche y da comida a su familia y ración a sus criadas. —Proverbios 31:14–15 (RVR)

¿Alguna vez te has estresado o te has dado por vencida cuando tratas de decidir qué cocinar para la comida? ¿Con qué frecuencia vas a tu restaurante favorito (o el que puedes pagar) de comida rápida para evitar cocinar? ¿Por qué continuamente olvidamos sacar algo del congelador en la mañana para que podamos cocinarlo en la tarde? Respuesta sencilla: ¡estamos cansadas!

Planear y preparar las comidas puede ser muy monótono. Cocinar es una tarea más que hay que añadir a un horario ya de por sí ocupado y agitado; sin embargo, es muy importante hacerlo. No es fácil hacer rendir el dinero para alimentar a tu familia; se necesita planear, presupuestar y ser inteligente a la hora de hacer las compras. Sin embargo, una vez que dominas el proceso, cocinar en casa no es tan malo.

Aquí hay algunos tips que quizá te den esperanza de tener tiempos de comida felices y saludables.

Hoy: Te reto a que hagas un presupuesto de comidas si es que todavía no haces uno. Luego trabaja en un plan de comidas para la próxima vez que cobres. Establecer esta disciplina quizá te lleve tiempo, pero una vez que lo hagas, las comidas se convertirán en un gozo en vez de algo que te estrese hasta el máximo. No tienes que ser la mujer perfecta de Proverbios 31, pero sin metas, te mantendrás sobrecargada y sin esperanza.

● ● ● ● ● ●

Cuando mi esposo nos dejó, lloraba todos los días y la comida era lo último en que pensaba, pero finalmente tuve que dejar que las responsabilidades hacia mi familia se antepusieran a mi dolor. Comencé a practicar de manera gradual algunas de las cosas que enlisté arriba para que no comiéramos las mismas recetas fáciles varias veces a la semana. Hasta hoy, mis hijos adultos todavía odian la palabra "goulash" (una comida que cocinaba con mucha frecuencia). Te sentirás con más esperanza cuando comiences a comer más sano y las comidas sean un tiempo de reunión y no sólo comida gratis.

Día 5

Tu familia — *Cree*

... Señores, ¿qué debo hacer para ser salvo? Ellos dijeron: Cree en el Señor Jesucristo, y serás salvo, tú y tu casa. —Hechos 16:30–31 (RVR)

¿Has estado orando por un miembro de la familia? ¿Sabes que Jesús puede cambiar su vida, pero simplemente no parecen escuchar? Hechos 16:30–31 nos explica la sencillez de la salvación junto con la esperanza para aquellos que amamos.

Es la historia de un carcelero que estaba cuidando a Pablo y Silas en la prisión. Mientras cantaban alabanzas a Dios, hubo un terremoto. Todos los prisioneros pudieron haberse escapado, y el carcelero hubiera tenido que morir por permitir que los prisioneros huyeran. Sin embargo, cuando el carcelero despertó, vio que Pablo y Silas seguían ahí sentados. Este milagro llevó al carcelero a la fe en Jesús, pero los discípulos querían que supiera que toda su familia podía obtener la misma salvación.

<u>El carcelero los llevó a su casa y les dio de comer; estaba lleno de gozo porque ahora creía en Dios, él y toda su familia.</u> —Hechos 16:34

La familia del carcelero tomó la decisión de ir, quedarse, escuchar y decidió creer. Se les dio la oportunidades ser salvos gracias a su fe.

En Hechos 10:24–47, tanto Pedro como Cornelio vieron una visión para romper con las barreras culturales que los separaban. Cuando Cornelio escuchó de la esperanza que hay en Jesús, él eligió aceptar a Cristo como su salvador. Abrió la puerta para que su familia también escuchara y decidiera seguir a Jesús.

Cuando venimos a Cristo, nuestras oraciones, palabras, acciones y fe mueven a nuestra familia a una posición de oportunidad, y luego de elección. Quizá no todos decidan seguir, pero todos tendrán la oportunidad de conocer.

Hoy: ¿Has aceptado a Jesús como tu Señor y Salvador? Si no lo has hecho, sólo tienes que hacer una oración sencilla de fe para pedir perdón e invitar a Jesús a tu vida. La esperanza para tu familia es real gracias a tu decisión de seguir a Jesús. Al vivir tu vida de fe en Jesús diariamente, les das la oportunidad de escuchar y creer por ellos mismos.

● ● ● ● ● ●

Mimi fue voluntaria en un evento para madres solteras. Utilizó mucha persuasión para que su madre soltera enojada, resentida y separada asistiera al evento. Debido a que Mimi le dio la oportunidad a su madre de escuchar, recibir y responder en ese retiro, su madre encontró a Jesús. Lo aceptó como su salvador, fue libre de su enojo e inmediatamente comenzó a reconciliarseas con su hija. Mimi después dijo, "Esta fue la primera vez que pude orar con mi mamá en vez de orar por ella". Su relación sigue en un proceso de sanidad y crecimiento, mientras su madre camina en su nueva fe y libertad.

No te des por vencida con tu familia. La oraciones impactan y abren puertas de oportunidad. A veces Dios te usa, y otras veces él usa influencias del exterior para hablar a los miembros de tu familia. No podemos forzar a nadie a acercarse a Cristo, nuestra fe no garantiza la de ellos, pero podemos preparar el escenario para que ellos escuchen y acepten el Evangelio gracias a nuestra fe.

Custodia — *Ora*

Los que temen al Señor están seguros; él será un refugio para sus hijos. —Proverbios 14:26 (NTV)

El temor y la preocupación por la custodia de tus hijos podría ser una de las luchas más grandes que tengas que enfrentar. No puedo garantizarte el destino del proceso legal por la custodio de un niño, pero sí puedo asegurarte que Dios nunca los dejará, ni a ti ni a ellos. He visto custodias injustas, y también he visto milagros. Si estás en medio de una batalla hoy, ¡no pierdas la esperanza! Ora fervientemente, mantente cerca del Señor y vive tu vida con integridad independientemente de cómo actúen otros y del resultado de la custodia.

Yo viví bajo la amenaza de una batalla por la custodia de mis hijos y no tenía ninguna esperanza de ganarla. Oré día y noche y me rodeé de personas que fortalecían mi autoestima y me acercaban a Dios. Mi batalla en la corte nunca ocurrió, fueron amenazas vacías, pero encontré mi fortaleza en Cristo cuando no tenía fuerzas en mí. ¡Dios fue mi refugio!

Si has perdido una batalla por la custodia de tus hijos, ¡no pierdas la esperanza! Si fue un juicio injusto, continúa orando y sé un buen ejemplo para tus hijos.

La amargura te destruirá y alejará aún más a tus hijos. Si tus decisiones provocaron el resultado del juicio, ¡no pierdas la esperanza!

Comienza a tomar mejores decisiones, busca un consejo sabio y cambia tu estilo de vida. Tus hijos merecen que seas lo mejor que puedes ser.

He visto cómo la corte ha regresado a niños con padres que han probado que su estilo de vida y actitudes han cambiado. Rodéate de gente que te enseñe y te ayude, y no de gente que no te permita crecer. Dios es un Dios de restauración, y él tiene un nuevo plan para tu futuro, lo veas o no. Mantente cerca de él durante tus derrotas y él restaurará tu esperanza y futuro.

Hoy: Si estás enfrentando un problema de custodia (o visitas), encuentra al menos una persona que ore por ti. Ora que Dios proteja a tus hijos y que él sea su refugio (lugar seguro), en donde quiera que se encuentren. Luego encuentra tu paz mientras esperas que Cristo haga lo que tú no puedes.

● ● ● ● ● ●

Lisa estuvo llorando en el altar en el retiro una noche. Había perdido la custodia de sus hijos ante su exmarido abogado. Él tenía los recursos y el poder para luchar y ganar la batalla. Estaba devastada, derrotada y sin esperanza. Lisa necesitaba encontrar la fuerza que no tenía, la voluntad de vivir que ya no tenía y visión para una vida que no quería. Mientras Lisa rendía su dolor y pérdida al Señor, experimentó la paz "que sobrepasa todo entendimiento" (Filipenses 4:7a).

Lisa encontró la esperanza al abrazar el amor de Dios. Su dolor e ira comenzaron a disminuir conforme iba avanzado el retiro. Ella experimentó la fuerza y la paz de Dios y se dio cuenta que necesitaba esto no sólo por ella, sino también para ayudar a sus hijos durante los meses o años que no la tendrían a su lado.

No podemos estacionarnos en el "por qué, Dios", "no es justo" o "Dios me ha desamparado". Quizá nunca sepamos el porqué, pero debemos aceptar que la vida no es justa y creer que Dios siempre está con nosotras, incluso cuando nos sentimos derrotadas.

Mamás, nunca pierdan la esperanza, incluso si has perdido la batalla por la custodia. ¡Sigue orando y ve hacia adelante! Tus hijos se convertirán en adultos un día y verán las cosas de manera diferente. ¿Cómo quieres que te vean y te recuerden?

Día 7

Determinación —*Fortalécela*

Porque no nos ha dado Dios espíritu de cobardía, sino de poder, de amor y de dominio propio.
—*2 Timoteo 1:7 (RVR)*

Cuando hablo acerca de determinación, no quiero que la confundas con un comportamiento grosero y sabelotodo. Determinación es reconocer tu valor, creer que lo que dices importa, y estar determinada a darle seguimiento a las situaciones que son importantes para ti.

Una vez vi una película del canal Hallmark llamada Love's Complicated [El amor es complicado]. Era acerca de una mujer que quería hacer a todos felices, incluso a expensas de su propia felicidad. Su novio la inscribe a una clase de manejo de conflictos y cuando llega, se da cuenta que él no va a tomar la clase. A lo largo de la película, vi a una mujer noble luchando por hacerse escuchar, por confiar en sus propios juicios, y al final, encontrar su propia voz. No era grosera, ni arrogante o criticona, simplemente se volvió determinada (fuerte) en conocer quién era y lo que quería. Me sentía tan identificada con esta mujer, que cada vez que veía que iban a pasar la película la veía otra vez.

Ser fuerte significa tener confianza en ti misma, ser incansable y estar llena de pasión. Lo opuesto es ser débil, infructuosa e inefectiva. Como mujeres podemos ser bondadosas, pero también determinadas... determinadas a sobrevivir, sin miedo a decir lo que pensamos y capaces de fortalecer a nuestras familias. Aún soy muy tímida, pero hay algo que crece dentro de mí cuando sé que necesito hablar por mí misma o por alguien más. Encontrar un equilibrio puede ser difícil cuando tienes que ir de una posición de miedo o sumisión a una posición donde finalmente manejes tu vida con la determinación de una actitud segura y reflejando a Cristo.

Hoy: Comienza tu proceso a la determinación creyendo que tienes valor y que tu voz importa. Piensa en una situación que necesite de tu determinación. Quizá aplique para tu hijo o para ti. Puede que tenga que ver con tu trabajo o tu familia. Escríbela. Pide consejo si lo necesitas, y trabaja para adquirir determinación y seguridad.

● ● ● ● ● ●

Pasé años dejando que otros tomaran decisiones por mí. Cuando me preguntaban qué quería comer o si quería ir a algún lado, siempre respondía "No importa, lo que ustedes quieran". Comí en restaurantes que no me gustaban, vi películas que no quería ver e incluso escuché chismes que no me interesaban.

Sin embargo, Dios continuó usando 2 Timoteo 1:7 para recordarme que no me había dado un espíritu de cobardía (miedo), sino de poder, amor y dominio propio. No tenía esperanza de que pudiera tener determinación hasta que me di cuenta que mis sentimientos y decisiones eran tan importantes como los sentimientos y las decisiones de otros. No significa que siempre me voy a salir con la mía o que voy a ser grosera, pero tampoco debía tener miedo a hablar.

La determinación se da al fortalecer nuestra confianza. Es una fuerza que sale del interior. El Espíritu de Dios es poder, amor y dominio propio, y su Espíritu me da la confianza para ser yo.

Día 8

Finanzas — *Cuídalas*

El dinero mal habido pronto se acaba; quien ahorra, poco a poco se enriquece. — Proverbios 13:11 (NVI)

Porque yo soy Jehová tu Dios, fuerte, celoso, que visito la maldad de los padres sobre los hijos hasta la tercera y cuarta generación de los que me aborrecen, y hago misericordia a millares, a los que me aman y guardan mis mandamientos. — Éxodo 20:5b–6 (RVR)

Estos pasajes hablan sobre dos aspectos de nuestras finanzas. El primer pasaje es sobre integridad y trabajo duro. El segundo pasaje es sobre el rechazo a Dios y los efectos que tiene sobre la tercera y la cuarta generación. Pero ¿qué significado tiene para ti hoy, especialmente en cuanto a tus finanzas?

Proverbios 13:1 habla sobre el hecho de que tenemos que trabajar duro para que gradualmente nuestra situación financiera cambie. Hay esperanza, incluso si no la puedes ver en este momento. Toma tiempo, visión y con frecuencia extender tus conocimientos para que puedas hacer crecer tu dinero poco a poco. Pocas veces, el dinero rápido es honesto y realista.

Éxodo 20:5 habla acerca de los pecados de los padres

visitando hasta la tercera y la cuarta generación. Esto no es porque Dios te odia, sino porque tus decisiones tienen consecuencias, y porque transmitimos nuestros hábitos y actitudes a nuestros hijos. Sin embargo, Dios nos da *esperanza* a través de Jesús, quien nos ofrece perdón y un nuevo comienzo, incluso en medio de la pobreza.

Éxodo 20:6 dice,*"y hago misericordia a millares, a los que me aman y guardan mis mandamientos."* Arrepentimiento, darle la espalda a un estilo de vida pecaminoso y la decisión de seguir a Cristo son lo que rompe los patrones generacionales y destructivos en nuestra familia. Cuando tú eliges vivir para Cristo, quizá no te hagas rico, pero puedes comenzar a tomar decisiones financieras sabias y sanas. Esa puede ser una herencia que transmitas a tus hijos.

Si actualmente vives de la ayuda que te da el gobierno, busca formas en las que puedas independizarte de eso, así no estarás atrapada en la pobreza o un futuro financieramente limitado (busca un asesor financiero). Descubre tu pasión y trabaja en eso. Termina tu educación básica, continúa con tu educación, capacítate en ventas o encuentra un trabajo que te dé la oportunidad de sobresalir. Muchas cajeras se han convertido en gerentes por ser responsables, fiables y trabajadoras.

No creas que siempre vas a ser pobre. Tu esperanza es renovada poco a poco mientras te responsabilizas de lo que ya tienes y luego rompiendo actitudes y hábitos viejos de pobreza.and habits.

Hoy: Cree en ti misma. Encuentra tu esperanza en la habilidad de Dios de abrir las puertas financieras que habían estado cerradas. ¡Comienza a soñar otra vez! Establécete una nueva meta financiera, no importa que pequeña o grande sea. Puedes romper el ciclo de la pobreza en tu familia tomando decisiones diferentes hoy y en el futuro.

• • • • • •

Yo di dos pasos grandes, en diferentes años, para salir de una mentalidad y estilo de vida de pobreza. Primero, entré a trabajar a un lugar que me ponía a menos de $10 dólares sobre el máximo de lo que podía ganar para no perder los beneficios del gobierno. ¡Los vales de despensa se acabaron! ¡El seguro para mis hijos también! ¡Salario mensual, adiós! Hubiera podido quedarme en casa, no trabajar y ganar casi lo mismo. Sin embargo, al aceptar ese nuevo trabajo, fui libre para poder seguir a Dios a donde me guiara. Si me hubiera quedado con la ayuda del gobierno, mi salario hubiera disminuido conforme mis hijos crecieran. ¡Me hubiera quedado atrapada en la pobreza para siempre! En lugar de eso, tuve la libertad de incrementar mis conocimientos y habilidades e ir obteniendo mejores empleos. (La ayuda del gobierno fue un salvavidas, pero no quería que se convirtiera en un estilo de vida que transmitiera a mis hijos. Si no puedes liberarte a ti misma, encuentra un camino para que tus hijos rompan el ciclo).

Mi segundo gran paso fue cuando mi hijo quería ir a la universidad y yo le dije que no podíamos costear las escuela que él quería. Sin embargo, una vez más, oramos, solicitamos todas las becas y ayudas monetarias posibles. (No quería que al salir de la universidad estuviera endeudado de por vida). Al investigar descubrimos muchas puertas a becas que ni siquiera sabíamos que existían. Él tenía un empleo y trabajó duro durante toda la universidad, y logró cursar toda la universidad con un pequeño préstamo en el último año. Debido a que rompió el ciclo, el resto de sus hermanos tenía la esperanza de ir a la universidad, y ellos también lograron ir a ella.

Es tiempo de esperar lo imposible cuando se trata de nuestras finanzas y simplemente ver los que Dios puede hacer por ti.

Día 9

Discapacidad — *Prevalece sobre ella*

Todo lo hizo hermoso en su tiempo; y ha puesto eternidad en el corazón de ellos, sin que alcance el hombre a entender la obra que ha hecho Dios desde el principio hasta el fin. —Eclesiastés 3:11 (RVR)

Entonces dijo Moisés a Jehová: ¡Ay, Señor! nunca he sido hombre de fácil palabra, ni antes, ni desde que tú hablas a tu siervo; porque soy tardo en el habla y torpe de lengua. —Éxodo 4:10 (RVR)

Y clamaron los hijos de Israel a Jehová; y Jehová les levantó un libertador, a Aod hijo de Gera, benjamita, el cual era zurdo. —Jueces 3:15 (RVR)

... Así que, para impedir que me volviera orgulloso, se me dio una espina en mi carne, un mensajero de Satanás para atormentarme e impedir que me volviera orgulloso. —2 Corintios 12:7b (NTV)

Entonces le respondió: Ah, señor mío, ¿con qué salvaré yo a Israel? He aquí que mi familia es pobre en Manasés, y yo el menor en la casa de mi padre —Jueces 6:15 (RVR)

Estas son las historias de hombres que tenían alguna discapacidad de una forma u otra. A Dios siempre le han importado aquellos a los que se les considera débiles o rechazados, y los ha usado poderosamente.

Muchos eruditos creen que Moisés era tartamudo; sin embargo, fue llamado para ser la voz de Dios ante el Faraón y los israelitas.

Aod era zurdo. Esto era considerado un defecto, incluso una maldición, y se le consideraba alguien sin valor. Sin embargo, Dios lo escogió, por su discapacidad, para burlar a los guardias y matar al rey y liberar a los israelitas.

Se cree que Pablo tenía problemas con sus ojos, pero a pesar de su discapacidad, predicó el Evangelio y trajo paz y salvación a las naciones gentiles (no creyentes). Hizo todo esto mientras sufría la discapacidad de un "aguijón en la carne".

Por último, vemos a Gedeón. Dios usó a un hombre que era el más *débil de los débiles* para salvar a una nación. Observa que en el versículo 12, Dios llama a Gedeón varón esforzado y valiente antes de salir de su escondite porque Dios ve lo que nosotros no vemos.

El mundo ve una discapacidad mientras el Señor se enfoca en las fortalezas que él puso en cada uno de nosotros

Vivir con tu propia discapacidad o con la de tu hijo nunca es fácil. Sin embargo, Dios nos anima con estas historias de determinación, favor, valentía, resistencia y fuerza mientras luchamos con la discapacidad.

Tú y tu hijo influenciarán a otros durante toda su vida. Mucha gente encuentra esperanza porque tu familia demuestra amor, fortaleza, sonrisas y fidelidad en medio de las luchas reales.

Hoy: Comienza a buscar ayuda y alivio emocional y físico. Necesitarás desarrollar el hábito de apartar un tiempo para ti y la sabiduría de otros para ser la mejor mamá, y persona, posible. Quizá nunca sepas el "porqué", pero puedes prevalecer sabiendo que Dios tiene un plan para ti y también para tu hijo. No pierdas la esperanza en medio del agotamiento. Recuerda, prevalecer significa ser dominante, ganar, mostrar una fortaleza e influencia superior. Respira profundo y comienza desde cero hoy.

• • • • • •

Jaime tenía parálisis cerebral. Había estado en silla de ruedas casi toda su vida. Su madre lo abandonó con abuelos para que lo criaran. Los desafíos físicos fueron incrementado cuando Jaime entró a la adolescencia y sus abuelos a sus setenta años. Aunque él se hacía más grande y ellos más débiles, nunca se quejaron. Sólo amaron a Jaime más. Jaime era parte de las actividades de jóvenes aunque era difícil trasportarlo y su hablar no era muy comprensible. Jaime y el amor y valor de sus abuelos impactaron muchas vidas. La gracia de Dios les dio la habilidad para difundir gozo y esperanza a otros que estaban atravesando por sus propias crisis personales. Prevalecieron con amor y gozo en una situación que no podían cambiar o controlar.

Día 10

Culpa — *Véncela*

Porque no envió Dios a su Hijo al mundo para condenar al mundo, sino para que el mundo sea salvo por él. —Juan 3:17 (RVR)

¿Te despertaste hoy sintiéndote culpable por algo otra vez? ¿Dijiste o hiciste algo para merecer esa culpa? ¿Ya has pedido perdón pero sigues atormentándote con culpa?

Hoy es el día de ser libre de esa culpa y condenación. La culpa te mantiene atrapada en tu pasado y la autocondenación te roba tu futuro. Hay algunos pasos sencillos para deshacerte de la culpa.

Primero, determina si tu culpa es justificada. ¿De verdad hiciste algo que merezca la culpabilidad o alguien sólo te hizo sentir culpable? Si hiciste algo, pide perdón si es posible, y pídele a Dios que te perdone también. Y luego suelta eso por lo que pediste perdón. No puedes deshacer las palabras o acciones, pero no dejes que te roben tu gozo.

Si tu pasado te atormenta y ya has pedido perdón a Dios, es tiempo de aceptar su perdón y avanzar.

La culpa te tendrá atada hasta que no aceptes el perdón que Dios te ofrece. Recuerda el pasaje inicial: Dios no vino a condenar al mundo (a ti), sino a salvarlo a través de él. Esa es la esperanza que tenemos, ya no tenemos porqué vivir con culpa día tras día. ¡Jesús nos ha hecho libres!

Hoy: Busca el perdón si es que lo necesitas. Si le has pedido perdón a Dios, ¡acéptalo! Di lo siguiente en voz alta: "Soy perdonada. Ya pasó. Me rehúso a vivir con culpa. Voy hacia adelante".

· · · · · ·

La culpa más grande con la que luché por mucho tiempo fue el fracaso de mi matrimonio. Pensaba en todo lo que debí o pude haber hecho de manera diferente. Sentía que mis hijos habían sufrido sin su papá porque yo había fallado como esposa. Sabía que no era perfecta y que nunca lo sería, pero también me tomó mucho tiempo dejar de creer que yo no era una persona horrible y que no era la causa principal del fracaso de nuestro matrimonio. Su padre tomó una decisión que nos afectó a todos, una decisión que yo no quería, que no podía impedir y de la cual no tenía el control. Y me sentía culpable. Me privé de todo mi gozo, ambición y esperanzas. Afortunadamente, fui libre de la culpa y la condenación cuando acepté el perdón de Dios por mis pecados y solté los pecados de otros.

Vida — *Elígela*

Hoy te he dado a elegir entre la vida y la muerte, entre bendiciones y maldiciones. Ahora pongo al cielo y a la tierra como testigos de la decisión que tomes. ¡Ay, si eligieras la vida, para que tú y tus descendientes puedan vivir! Puedes elegir esa opción al amar, al obedecer y al comprometerte firmemente con el Señor tu Dios. Esa es la clave para tu vida.
—*Deuteronomio 30:19–20a (NTV)*

A veces tus circunstancias son tan abrumadoras o estás extremadamente cansada de pelear las batallas, que sólo quieres darte por vencida. Los pensamientos suicidas pueden llegar a tu mente al punto que la muerte parezca más fácil y más atractiva que la batalla diaria de la vida.

Sin embargo, Dios quiere que elijamos la vida. Quiere bendecirnos a nosotras y a nuestros hijos con un nuevo futuro, pero debemos escoger la vida, incluso si es difícil.

La Escritura nos dice cómo escoger la vida. *Ama al Señor*, no importando cuál sea tu situación; él no la provocó, pero te ayudará a superarla. Obedécelo al estudiar su Palabra para que puedas responder a ella. *Comprométete* de lleno con él, siguiendo a Cristo con todo tu corazón y alma. No dejes que otros te saquen del camino y te lleven a lo oscuro de la depresión.

Rodéate de personas que te animen, desafíen, amen y enseñen. Involúcrate con la *vida, los vivos, y evita la soledad*. El versículo 20a dice, "Esta es la clave para tu vida".

¿Por qué escoger la vida para ti? Para que tus "descendientes puedan vivir". El acto de suicidarse afecta a toda la familia para el resto de sus vidas. Yo lo sé, he visto las consecuencias del suicidio y lo que le hace a los hijos, hermanos y padres de la persona que elige la muerte sobre la vida. Causa dolor sin fin, culpabilidad, ira y sentimientos de abandono.

Elige la vida, y te sorprenderás de lo que Dios hace cuando le das la oportunidad de restaurar y sanar lo que está quebrado hoy y lo transforma en algo hermoso mañana. ¡Él realmente lo hace!

Hoy: Si estás luchando con pensamientos suicidas, pide ayuda. Habla con un doctor, pastor o amiga. No ignores los síntomas de soledad, tristeza continua, pensamientos de muerte, cambios de humor y hábitos autodestructivos. Si el simple hecho de enfrentar tus responsabilidades diarias te está costando trabajo, encuentra la forma de darte un tiempo. Por eso la familia de la iglesia es importante. Con frecuencia pueden ayudarte, si es que saben que necesitas ayuda. ¡No dejes que la independencia, vergüenza y el miedo te detengan para pedir ayuda!

••••••

Me encontré a Jessica aproximadamente cuatros años después de haber predicado en su iglesia. Me dijo cómo había llegado esa mañana con un plan para suicidarse. No hubiera asistido ese domingo, pero ya le había prometido a una amiga que la llevaría para escucharme. Pero ese domingo era para Jessica. Escuchar un mensaje de esperanza, vida y posibilidades le salvó la vida. Se fue con nuevos pensamientos y una esperanza renovada. Se reunió con su pastor y encontró el alivio que necesitaba y el consejo y ánimo que le ayudó a encontrar un nuevo trabajo. Me platicó cómo Dios le dio aliento de vida ese domingo en la mañana.

Mamás, ¡No se den por vencidas con la vida! Dios es el dador de ella, si aprendes a amarlo aun en medio de todo el desorden.

Día 12

Salud — *Cuídala*

Amado, yo deseo que tú seas prosperado en todas las cosas, y que tengas, así como prospera tu alma.
—3 Juan 1:2 (RVR)

Cuando estamos luchando con problemas de salud afecta todo. Ya sea una enfermedad grave, gripa, sobrepeso o cualquier otro problema, puede ser debilitante. Cuando has perdido la esperanza en tantas cosas, una enfermedad podría ser la gota que derrame el vaso.

Hoy, mientras dedicas tiempo para estar más cerca de Dios, recuerda que tu espíritu está siendo fortalecido. Mientras tu espíritu se fortalece, tus pensamientos serán más racionales y menos emocionales. Entonces el cuerpo con frecuencia responde de una manera positiva.

Haz lo que sea necesario para mejorar tu salud. Elige mejor lo que comes, haz ejercicio, duerme lo necesario. Cuando no haya qué hacer para mejorar tu salud, ¡ora! Ora por sanidad, sabiduría, ayuda, por los doctores correctos y porque Dios te llene de su paz en medio de todo.

Deja de preguntar el porqué de tu situación, esa pregunta sólo te mantiene estancada en la depresión, culpa, vergüenza, ira y resentimiento.

Generalmente nunca sabemos el porqué, sólo sabemos que Dios es nuestra fortaleza cuando somos más débiles. Después de que Pablo le pide a Dios varias veces que remueva el agujón en su carne, Dios le contesta: *"Bástate mi gracia; porque mi poder se perfecciona en la debilidad"*. 2 Corintios 12:9

Hoy: Si te sientes débil o enferma, pide a Dios de su gracia para poder salir adelante. Si puedes hacer algo para cambiar tu situación, da un paso para elegir algo bueno para tu salud. Si tu salud está fuera de tus manos, mantén tus ojos puestos en Jesús para recibir fortaleza diaria y pon un CD de alabanzas para animar a tu espíritu.

• • • • • •

Amy tenía migrañas que constantemente interrumpían su trabajo y habilidad para cuidar de sus hijos. Ella intentó muchas cosas, pero un día decidió dejar la cafeína. Esto cambió su vida. Las migrañas se detuvieron, pudo funcionar otra vez y desde ese entonces ya no sufre de esto. A veces es tentada a consumir sólo "un poquito" de cafeína, pero trae a su memoria la agonía que le provoca. Quizá esta no sea la solución para todas las migrañas, pero Amy dio un paso difícil y dejó algo que le gustaba y disfrutaba para poder cuidar de su salud.

Juanita tenía cáncer de mama. Había tenido cirugías importantes para remover sus senos. Era madre soltera y sus amigos oraron fervientemente por ella para que sobreviviera, aun cuando los doctores no daban ninguna esperanza. Fue un año terrible para ella, y nunca entenderé porqué tuvo que sufrir así, pero la fe de Juanita nunca se quebrantó. De hecho, ella fortaleció mi fe mientras la veía reaccionar ante los reportes negativos del doctor. Hoy día, ella está sana y activa otra vez. Cuando nos enfrentamos a un problema de salud que es más grande que nosotros, la batalla más grande que peleamos está en nuestra mente. La fe de Juanita ganó esa batalla y guardó su esperanza a través de todo el proceso.

Día 13

Gozo — *Deléitate en él*

Tiempo de llorar, y tiempo de reír; tiempo de endechar, y tiempo de bailar. —Eclesiastés 3:4 (RVR)

Luego levantará mi cabeza sobre mis enemigos que me rodean, y yo sacrificaré en su tabernáculo sacrificios de júbilo; cantaré y entonaré alabanzas a Jehová. —Salmos 27:6 (RVR)

Cuando las lágrimas no dejan de fluir, el corazón parece no dejar de doler y la tristeza se lleva como un abrigo que da calor, es difícil creer que habrá un tiempo de gozo otra vez.

Creer que Dios no es la causa de nuestro dolor y que de hecho él quiere ayudarnos a atravesar ese tiempo puede cambiarlo todo. Puedes comenzar a creer que el dolor se detendrá eventualmente, incluso si no sabes cómo ni cuándo. Puedes comenzar a creer que el sol brillará otra vez en tu vida, incluso si no lo sientes ahora.

No se puede forzar el gozo. Tampoco puedes engañar a las personas por mucho tiempo. El gozo tiene que ser real. ¿Cómo lo obtienes de nuevo? Tiempo, oración y, sobretodo, adoración. Cuando cantas alabanzas, incluso cuando no tienes ganas de hacerlo, algo inexplicable ocurre en ti. Nuestro espíritu se comunica con el Espíritu de Dios a través de nuestra alabanza y adoración. Somos transformados del interior hacia afuera a través de la adoración. Enfoca nuestras mentes en la bondad y la gloria de Dios, en lugar de enfocarnos en nuestros problemas. Las canciones de la Escritura nos dan esperanza y nos recuerdan las promesas de Dios sobre días buenos. Tus problemas quizá no desaparezcan, pero tu sacrificio de alabanza (Hebreos 13:15) renueva la esperanza.

Hoy: Prende tu radio, escucha alabanzas en iTunes o pon un CD que te anime y te haga sonreír. Canta. Observa cómo comienza a haber una diferencia. No puedo explicar lo que pasa, pero sucede. Ese es Dios.

• • • • • •

Recuerdo llorar hasta quedarme dormida muchas noches más de las que quisiera recordar. También desperté muchas mañanas sintiéndome deprimida o triste. Pero también sé que cuando comencé a alabar a Dios por lo que tenía, en lugar de enfocarme en lo que no tenía, fui trasformada. La música con mensajes de esperanza y promesas hizo la diferencia, y el gozo me sorprendió.

Día 14

Justicia — *Búscala*

Oh hombre, él te ha declarado lo que es bueno, y qué pide Jehová de ti: solamente hacer justicia, y amar misericordia, y humillarte ante tu Dios.
—Miqueas 6:8 (RVR)

Maldito todo el que se niegue a hacer justicia al extranjero, al huérfano o a la viuda.
— Deuteronomio 27:19 (NTV)

¿Has sido acusada de manera errónea por algo o quizá por muchas cosas? ¿Le tienes miedo a una audiencia en la corte? ¿Has perdido a tus hijos sin que tú tuvieras la culpa? ¿Has perdido la esperanza en que se haga justicia en tu familia?

Dios hace justicia cuando pones tu confianza en él. Quizá tome más tiempo del que te gustaría, quizá no ocurra como tú quieres, pero la justicia de Dios siempre es recta (Deuteronomio 27:19).

No dejes de orar, esto ayuda a que tu fe crezca. Incluso cuando te sientas decepcionada, ¡Dios te escucha! Cuando temes al Señor, entiendes su poder y su habilidad para hacer que lo que tú no puedes.

Sigue adelante con tu vida, independientemente de tus acusadores o pérdidas. No será fácil, pero Dios honra a los que lo honran. Todos los días es el día para hacer lo correcto. No puedes controlar lo que otros van hacer, y tampoco Dios te juzgará por sus acciones, sólo por las tuyas.

Los israelitas estaban buscando el perdón, buscando expiación (un precio) por su pecado, en Miqueas 6:8. Dios les dice que deben hacer lo que es justo, mostrar misericordia (incluso cuando las circunstancias no son justas) y humillarse ante Dios (porque nosotros mismos necesitamos su perdón continuamente).

Hoy: Encuentra la esperanza por la justicia al vivir tu vida de una forma honorable. Reemplaza una respuesta mala hoy con una que honre a Dios. Muestra misericordia cuando sólo quieres expresar ira. Permite que Dios haga justicia en su tiempo y a su manera. Acepta el hecho de que no puedes cambiar a los demás, que no puedes juzgarlos o hacer que la vida sea justa.

• • • • • •

Laura se acercó al altar llorando una noche después de un evento para madres solteras. Su esposo se había ido a vivir con su hermana, justo enfrente de donde ella vivía. ¿Cómo hacer justicia ante esa situación? Laura no sabía, y yo no tenía palabras que la pudieran ayudar a vivir con ese dolor. Pero podía orar con ella. Oramos que Dios fuera el juez de esa situación, que le diera a Laura las palabras para explicarle a sus hijos que su nuevo primo también sería su medio hermano.

La vida no es justa y Laura sólo podía encontrar la paz cuando ella rindiera su circunstancia dolorosa a Jesús. Sin él, no tendría la esperanza de ver justicia o tener paz. No todas las historias tienen un final feliz, pero las personas pueden encontrar paz en medio de la injusticia. Laura se fue de ese retiro siendo una mujer diferente, más fuerte. Sus circunstancias no habían cambiado, ¡pero ella sí!

No compartí una historia de gran victoria porque a veces el juicio de Dios toma más tiempo del que queremos. ¡Pero el día del juicio llegará! Ni siquiera sé cómo terminó la historia de Laura, pero sí sé que ella y sus hijos serán recompensados y bendecidos por sus acciones, y no enfrentarán el juicio de Dios, mientras hagan *justicia, amen la misericordia y se humillen ante Dios.*

Día 15

Legado — *Desarróllalo*

Y este será mi pacto con ellos, dijo Jehová: El Espíritu mío que está sobre ti, y mis palabras que puse en tu boca, no faltarán de tu boca, ni de la boca de tus hijos, ni de la boca de los hijos de tus hijos, dijo Jehová, desde ahora y para siempre.
—Isaías 59:21 (RVR)

La mayoría de las madres solteras viven por debajo del nivel de pobreza, y la idea de dejar una herencia a sus hijos es impensable para ellas. Sin embargo, todas las madres pueden dejarle un legado a sus hijos.

Un legado es "algo que se transmite del pasado de un ancestro o predecesor". ¿Qué te fue transmitido por tus padres o abuelos? ¿Fue bueno o fue malo?

El Espíritu mismo da testimonio a nuestro espíritu, de que somos hijos de Dios. Y si hijos, también herederos; herederos de Dios y coherederos con Cristo, si es que padecemos juntamente con él, para que juntamente con él seamos glorificados.
—Romanos 8:16–17 (RVR)

Con Dios como nuestro padre tenemos la habilidad de dejarle a nuestros hijos una herencia maravillosa. Podemos romper herencias y hábitos del pasado y desarrollar nuevos, con nuestras decisiones y acciones. Nuestros hijos podrían escoger lo malo, pero nuestra responsabilidad es dejarles un buen legado.

Estos son algunos ejemplos de un buen legado: bondad, compasión, fuerza, independencia, integridad, fe y responsabilidad financiera. También podemos dejar un legado no influenciado por drogas, alcohol o abuso.

Si tú recibiste un buen legado, transmítelo. Si tu legado fue malo o tu vida te ha dejado vacía, no te rindas. Dios nos da esperanza para nuestros hijos porque somos sus hijas y herederas de sus bendiciones. Aprende sobre esas bendiciones leyendo la Palabra y luego enséñaselas a tus hijos.

Hoy: Haz una lista de las malas herencias que te transmitieron. Ahora hazla bolita y tírala. Ese legado ya no es parte de tu identidad en Cristo. Luego haz una lista del tipo de herencia de fe y vida que quieres dejarle a tus hijos. Pregúntate quién está alrededor tuyo que pueda ayudarte a construir un nuevo legado para tu familia. ¿No puedes pensar en alguien? ¡Entonces necesitas ir a la iglesia ya!

• • • • • •

Mis padres no eran ricos, ni siquiera eran cristianos. Sin embargo; nos dejaron a mí y a mi hermana un legado de honestidad, responsabilidad, visión y compasión. No eran muy cariñosos, pero sabíamos que éramos amadas. No iban a la iglesia, pero se aseguraron de que nosotras asistiéramos hasta que fuéramos lo suficientemente grandes para decidir en qué creíamos. Nos protegieron de familia y amigos que pudieran dañarnos física o emocionalmente. Eran fuertes, pero trataban a la gente con respeto. Nos enseñaron que "sí se puede" y nos dejaron un legado de oportunidad. Podría enlistar cien cosas que me hubiera gustado que hicieran de forma diferente, pero mejor quiero dar gracias por las muchas cosas que sí hicieron bien, y por el buen legado que nos dejaron.

Día 16

Mejores días vienen — *Espéralos*

Y os restituiré los años que comió la oruga, el saltón, el revoltón y la langosta, mi gran ejército que envié contra vosotros. [Incluso en medio de la rebeldía, Dios nos ofrece restauración] Comeréis hasta saciaros, y alabaréis el nombre de Jehová vuestro Dios, el cual hizo maravillas con vosotros; y nunca jamás será mi pueblo avergonzado.
—Joel 2:25–26 (RVR)

Quizá te estás preguntando cómo vas a lograr tener tu vida bajo control otra vez, y si la oscuridad algún día se acabará. Este versículo fue dado a la nación de Israel diezmada para darles esperanza de días mejores. Habían rechazado a Dios, estaban siendo desobedientes, pero Dios aún los amaba y quería restaurarlos. Joel 2 enlista las bendiciones que les esperaban en cuanto decidieran regresar a él.

Este pasaje es un recordatorio de la promesa de Dios, tanto para los cristianos de toda la vida que están cansados, como para los nuevos cristianos quienes tienen que escuchar estas palabras de esperanza. Recuerda, Dios desea restaurarte de tu quebrantamiento, dolor y pérdidas. Él te promete mejores días cuando tu esperanza esté puesta en él. Dios es el Dios de la esperanza, así que por naturaleza, él nos ofrece la esperanza de ver días mejores.

Restauración es un palabra maravillosa de esperanza. El diccionario la describe como el acto de restaurar; renovar, avivar o reestablecer. Entender cómo llegamos al punto en el que estamos ahora es cosa del pasado. Si necesitas arrepentirte (dar media vuelta y dejar atrás el pecado o tus malas decisiones), hazlo. Si alguien más ha causado tus problemas, deja ir la ira y suelta a esa persona(s) en las manos de Dios para que él trate con ella. Dios no puede construir algo nuevo sobre un montón de cenizas (ira u odio). Necesitamos un nuevo y limpio fundamento para comenzar el proceso de reconstrucción.

Los israelitas tuvieron que pensar y actuar diferente antes de que se diera la restauración. La restauración toma tiempo, requiere paciencia y un cambio de actitud o perspectiva de tu parte.

Hoy: ¡Cree que la restauración es posible! Deja de culpar a otros. Busca tú misma el perdón. Sonríe por lo menos una vez al día. Hoy porque has puesto tu esperanza en que Dios restaurará tu vida. ¡Mejores días están por venir!

• • • • • •

Dios no podía comenzar con mi proceso de restauración hasta que dejara de llorar por mi vida, mis errores, las decisiones que otros habían tomado y la injusticia de la vida. Una vez que di el paso de poner mi esperanza en Él y en su voluntad, no la mía, mi proceso de restauración comenzó y mejores días llegaron.

Día 17

Amor — *Expándelo*

Les daré un corazón nuevo y pondré un espíritu nuevo dentro de ustedes. Les quitaré ese terco corazón de piedra y les daré un corazón tierno y receptivo.
—Ezequiel 36:26 (NTV)

Y ahora permanecen la fe, la esperanza y el amor, estos tres; pero el mayor de ellos es el amor..
— 1 Corintios 13:13 (RVR)

¿Sientes que nadie te podrá amar nunca más? ¿Te sientes desanimada por tu soledad? ¿Sin esperanza?

Bueno, no puedo garantizarte que encontrarás a tu príncipe azul y vivirás feliz para siempre, pero sí puedo decirte que el amor no es tu enemigo ni tu salvador. El amor en la cultura de hoy tiende a significar sexo, y en general se trata de autocomplacencia y no en pensar en la otra persona. Pero esa no es la definición de Dios. Ezequiel dice que el amor tiene que ver con la condición de nuestro corazón: compasión, sensibilidad, pensar en los demás. El libro de 1 Corintios nos recuerda que la fe, la esperanza y el amor son para siempre.

Tu fe, esperanza y amor por Dios te mantendrá centrada en todas tus relaciones: amigos, familia y hombres. Además, no puedes amar completa mente si tienes un corazón de piedra (muros), si has perdido la ternura (la habilidad de responder a las necesidades de los demás), o si tienes un corazón frío (incapaz de esperar amor, no sólo sexo). Si no te tomas del amor de Dios, es casi imposible tener éxito en el amor terrenal.

El amor de Dios no se gana, es incondicional. Esto significa que Dios te ama desde siempre y para siempre, sin importar tu pasado. No hay nada que debas hacer para ganar ese amor o para no perderlo, Dios te ama justo como estás ahora. Nada te puede separar de su amor (Romanos 8:39 dice,*"ni lo alto, ni lo profundo, ni ninguna otra cosa creada nos podrá separar del amor de Dios, que es en Cristo Jesús Señor nuestro"*). Puedes rechazar el amor de Dios, pero él de todos modos te amará. Si rechazas su amor, también te perderás las bendiciones que vienen con él.

El amor de Dios es el que sana nuestro dolor, nos saca de la soledad y nos mueve a amar a otros. El amar a nuestros vecinos, compañeros de trabajo e incluso a las personas difíciles alrededor de nosotras se vuelve más fácil cuando sabemos que somos amadas.

Evita dar pasos hacia una relación romántica hasta que encuentres contentamiento en tu soltería. Esto te preparará para una relación más sana basada en un mutuo dar y no una relación de una sola vía o dependiente.

Estar soltera no significa que no tengas valor o

que nadie te puede amar. De hecho, tienes más oportunidades de amar a Dios, seguir tus sueños y establecer nuevas metas.

Si estás lista para el romance, asegúrate de que tus hijos estén listos también. Querrás evitar, a cualquier precio, escoger entre un hombre del que te has enamorado o tener una buena relación con tus hijos. Elige cuidadosamente, sé sabia, toma tu tiempo, protege a tus hijos, busca el consejo de amigas maduras y ¡escúchalas!

Hoy: Da gracias por el amor de Dios. No tienes que hacer nada para ganártelo, sólo necesitas aceptarlo. Luego piensa en un acto de bondad (amor) que puedes extender hacia alguien más.

● ● ● ● ● ●

Prometí cerrar mi corazón al amor después de que mi esposo me dejó. Nunca más quería volver a pasar por tan grande dolor y pérdida otra vez. Cerrarme a las personas se volvió mucho más fácil, y la soledad más cómoda. Un día me di cuenta de lo que me había hecho a mí misma. Estaba muerta por dentro, ya no tenía esperanza, la vida se había ido, y sólo existía para cuidar de mis hijos.

Cuando finalmente acepté el amor que Dios tenía por mí, todo cambió. Mi esperanza en la vida fue restaurada y el gozo reemplazó el dolor sin final en el que había estado viviendo. Fue Dios, no un hombre, quien abrió mi corazón al amor y quitó mi soledad.

Día 18

Paz — *Descansa en ella*

No se preocupen por nada; en cambio, oren por todo. Díganle a Dios lo que necesitan y denle gracias por todo lo que él ha hecho. Así experimentarán la paz de Dios, que supera todo lo que podemos entender. La paz de Dios cuidará su corazón y su mente mientras vivan en Cristo Jesús.
—Filipenses 4:6–7 (NTV)

¿Qué es la paz? ¿La has experimentado últimamente? ¿Ha estado en ese lugar donde tu mente no está corriendo, tratando de resolver todos los problemas, afrontando preocupaciones o inquieta por todo? La paz es algo a lo que difícilmente puedes aspirar cuando eres una madre soltera llevando toda la responsabilidad de tu familia, ¡pero sí la puedes encontrar!

¿Has orado por esos problemas creyendo que Dios responderá? Quizá oramos, pero con frecuencia dudamos que nos siga escuchando. Hemos perdido la esperanza de recibir una respuesta o la paz.

¿Le has dado gracias a Dios por lo que tienes? ¿Un techo sobre tu cabeza, hijos que te aman, amigos, familia? Debe haber al menos una cosa por la que puedas dar gracias hoy.

Creo que cuando nos enfocamos en lo bueno, no importando lo pequeño que sea, lo que sigue es la paz. Cuando dejamos a un lado nuestros horarios, agendas y soluciones, la paz viene.

Cuando creemos que Dios nos ama y quiere bendecirnos, él quita nuestros temores y ansiedades y nos da paz.

Casi cada carta del Nuevo Testamento iniciaba con una saludo como este,"la paz sea con ustedes". Esa paz significaba "sé bendecido". Dios quiere bendecirnos, pero a veces estamos tan ocupados preocupándonos por todo que nos perdemos su saludo de paz y su bendición.

Toda nuestra preocupación y ansiedad no cambiará nada, pero cuando comenzamos a confiar en Dios, nuestra fe nos da la paz de Dios y supera todo lo que podamos entender.

Hoy: Respira profundo. Piensa en lo que puedes y no puedes cambiar. Elige sólo una de tus preocupaciones y entrégasela a Dios en oración hoy. Ahora decide no pensar en ella en todo el día. ¡Deja que Dios se ocupe de ella! (Recuerda, de todos modos, tú no puedes solucionar nada). Comienza a tener esperanza de que obtendrás paz en un área de tu vida hoy.

• • • • • •

Una vez oré con una amiga que iba a tener una cirugía. Estaba preocupada de que tal vez no sobreviviera. Leímos Escrituras para afirmar su salvación, tomamos la Cena del Señor juntas y oramos para que Dios reemplazara todos sus miedos por paz. Le recordé que Dios estaría a su lado mientras los doctores la preparaban, él pondría sus signos vitales en orden antes de la cirugía, y él estaría con ella durante todo el procedimiento. Ella no sabía cuál sería el resultado, pero había recibido la paz de Dios días antes de su cirugía, y la tuvo durante todo el procedimiento.

Día 19

Posibilidades — *Sueña*

Entonces Jesús, mirándolos, dijo: Para los hombres es imposible, mas para Dios, no; porque todas las cosas son posibles para Dios. —Marcos 10:27 (RVR)

Porque nada hay imposible para Dios.
—Lucas 1:37 (RVR)

¿Qué situaciones difíciles estás enfrentando el día de hoy? ¿Qué estás soñando para el futuro que es imposible?

¿Te has escuchado a ti misma diciendo, "no puedo hacerlo", "es muy difícil", "eso nunca va a pasar" o "me doy por vencida"? Esas palabras de derrota te roban un poquito de vida todos los días. Te mantendrán atrapada en esa circunstancia. ¿Pero cómo te escapas de esas palabras si parecen ser reales?

Lee el pasaje bíblico de este día otra vez. Humanamente hablando, es imposible, no podemos solucionar nuestros desafíos diarios solas. Pero con Dios, ¡todo es posible! Eso cambia todo. Tú y yo no podemos hacer muchas cosas sin la fuerza, sabiduría y poder de Dios. Somos humanos y estamos limitadas, ¡pero Dios no!

creó. Él nos creó a todos únicos, de manera creativa, somos hermosas a sus ojos. Somos seres creativos porque su naturaleza creativa está en cada una de nosotras. Eso significa que fuimos creadas para soñar e imaginar posibilidades. Sólo que con frecuencia olvidamos incluir a Dios en nuestros sueños

¿Tu sueño imposible es tener suficiente energía para sobrevivir todo este día? ¿Es recibir sabiduría para un hijo rebelde? ¿Las palabras correctas para un exmarido? ¿El valor para terminar la escuela o tomar el primer curso de universidad? ¿Buscar un nuevo trabajo? Cualquier tarea imposible que estés enfrentando hoy, enfréntala con Dios, no sola. No temas esperar que lo aparentemente imposible sea posible.

No dejes de soñar, incluso en medio de los días difíciles. Dios nos promete darnos esperanza y Lucas 1:37 es un recordatorio de la fidelidad de Dios de cumplir su Palabra.

Hoy: Invita a Dios a participar en tus desafíos de hoy. Pídele que intervenga a tu favor, a ir delante de ti, que te dé de su gracia. Con Dios, todo es posible. Créelo, repítelo y espéralo.

• • • • • •

Justo cuando sólo estaba sobreviviendo cada día y no sentía que "ganara" ninguna batalla. Comencé a esperar malos reportes de la escuela de mis hijos, llamadas estresantes de mi exmarido, niños contestones, tener que reparar el auto, una tubería rota, un inodoro tapado, lluvia cuando planeaba salir. Un buen día parecía imposible.

Oraba todos los días que Dios me ayudara, pero sólo esperaba malos resultados. No quería tener esperanzas porque la expectación podría provocarme una desilusión más profunda.

Un día me pregunté por qué oraba, ya que no confiaba en que Dios contestara mi oración. Siempre me preparaba para lo peor. Recuerdo el día que eso cambió. Tenía una cita en el doctor y estaba preocupada. Oré y luego escribí lo siguiente en un pedazo de papel, "espero recibir buenas noticias". Siempre que comenzaba a preocuparme, miraba ese papel y repetía esas palabras en voz alta. Me rehusaba a recibir malas noticias. Al fin estaba cansada de esperar lo peor que el mundo tenía para ofrecerme y comencé a esperar lo mejor que Dios tenía para mí; nuevas posibilidades para mí y para mis hijos.

La desilusión siempre estará con nosotras porque la vida no es justa o perfecta. Pero sin la esperanza de nuevas posibilidades, la vida se vuelve imposible de vivir.

Día 20

Protección — *Hazla tu prioridad*

Ten misericordia de mí, oh Dios, ten misericordia de mí; Porque en ti ha confiado mi alma, y en la sombra de tus alas me ampararé hasta que pasen los quebrantos. —Salmos 57:1 (RVR)

Todas tenemos el deseo de sentirnos protegidas. Si vives en un lugar de peligro o amenazas, tú conoces lo importante que es estar protegida.

Hay decisiones que podemos tomar para ayudar a protegernos, pero algunas cosas simplemente están fuera de nuestro control. Esos son los tiempos en los que necesitamos decir en voz alta, "Dios ten misericordia. Protégeme de esta persona, tormenta o peligro que estoy enfrentando. *Voy a permanecer cerca de ti, hasta que el peligro pase*". Luego quédate cerca de él, no sólo repitas las palabras y sigas en tu propio camino.

La forma de estar cerca de él es a través de la oración, leyendo porciones de la Escritura que fortalezcan nuestra fe, escuchando alabanzas y rodeándonos de otros creyentes en oración. Enfócate en Dios y en su poder y no en el temor. Toma decisiones inteligentes y encuentra esperanza de protección a través del tiempo que pasas en la presencia de Dios.

Hoy: Exprésale a Dios tu temor, y sé honesta. Decide lo que necesitas hacer para proteger tu integridad física. Busca ayuda, si la necesitas, en la iglesia local, refugio o policía. Después ora fervientemente, ora continuamente, no te aísles, y permanece cerca de Dios.

• • • • • •

El esposo de Ceci la abandonó para convertirse en mujer. Ella no sabía cómo proteger a sus hijas pequeñas del daño o el trauma emocional debido a los cambios de apariencia e identidad de su papá.

La protección de Dios: Ceci encontró un grupo de mujeres que estuvo orando mientras compartía estas noticias con sus hijos, contestaron sus preguntas y continuaron orando por protección y entendimiento por años.

Mariana enfrentó amenazas de su esposo vengativo y abusivo. Él continuamente la llevaba a corte sólo para dejarla sin dinero y mantenerla con miedo y controlada.

La protección de Dios: ella estaba rodeada de gente que estuvo con ella durante cada batalla y que iba a su casa siempre que su exesposo se aparecía borracho.

Dios protegió a estas mujeres de diferentes formas, pero ellas se atrevieron a obtener protección al acercarse a Dios con sus necesidades, y ya no se mantuvieron en secreto ni con vergüenza ante sus amigos.

Día 21

Reconciliación — *Búscala*

De modo que si alguno está en Cristo, nueva criatura es; las cosas viejas pasaron; he aquí todas son hechas nuevas. Y todo esto proviene de Dios, quien nos reconcilió consigo mismo por Cristo, y nos dio el ministerio de la reconciliación; que Dios estaba en Cristo reconciliando consigo al mundo, no tomándoles en cuenta a los hombres sus pecados, y nos encargó a nosotros la palabra de la reconciliación. Así que, somos embajadores en nombre de Cristo, como si Dios rogase por medio de nosotros; os rogamos en nombre de Cristo: Reconciliaos con Dios.
—2 Corintios 5:17–20 (RVR)

Reconciliarse significa ganar simpatía, provocar el volverse amigable: ser compatible, restaurar.

Antes de que conociéramos a Cristo como nuestro Señor y Salvador, estábamos separadas de él, no éramos capaces de recibir su perdón y sus bendiciones. Pero cuando le das tu vida a él, tu antigua vida se acaba y te hace una nueva criatura, reconciliada y restaurada con Dios. Él desea que nos reconciliemos con otros cuando sea posible para ganarlos para Cristo. No porque lo merezcan, sino para que sean hechos nuevas criaturas también.

Quizá tengas diferencias con compañeros del trabajo, amigos, familiares o incluso tus hijos, pero Dios quiere que busques reconciliarte, cuando sea posible.

No tenemos que comprometer nuestra fe, creencias o seguridad para reconciliarnos con alguien.

Sino estás segura porqué hay una división, pregunta, "¿qué te he hecho?" Si sabes cuál es el problema, discúlpate y pide perdón. Si ellos te ofendieron, ¿les has preguntado el porqué y cómo? El silencio puede crear una división mortal.

No podemos forzar la reconciliación, pero tenemos que hacer nuestra parte al darles una oportunidad. Quizá acepten o rechacen la reconciliación, pero tu responsabilidad como creyente es ofrecerla sinceramente.

Recuerda, ya sea que busques reconciliarte con un amigo, familiar o tu hijo, alguien ha sido lastimado u ofendido. Ofrece disculpas, busca y ofrece el perdón, comienza el proceso. Déjales saber que les amas incluso si no estás de acuerdo con su estilo de vida o decisiones. Trágate tu orgullo para que puedas mantener la puerta abierta para que regresen a ti y a Jesús. Mantén tus límites sin que hagan imposible que se restaure la relación.

Si te vas a reconciliar con una persona que abusó de ti, perdona para que no estés atada al pasado o a esa persona, pero mantén tus límites y a tu familia protegida.

Hoy: Piensa en alguien con quien te gustaría reestablecer una relación. ¿Necesitas perdonar a esa persona o ella necesita perdonarte? Da un primer paso hacia la reconciliación esta semana, sé paciente en el proceso y mantén la puerta abierta.

• • • • • •

Conocí a una madre soltera que tenía tanto odio hacia su exesposo que la estaba destruyendo. Después de asistir a un retiro para madres solteras, escuchó sobre el amor y el perdón de Dios. Ella cambió completamente ese fin de semana (lo viejo se había ido y lo nuevo había venido). Se fue a casa siendo una persona diferente. Ella me dijo un año después que su exesposo no podía entender porqué ya no estaba tan enojada con él. Sólo le dijo que ya lo había perdonado y que estaba orando por él para que encontrara la paz que ella había encontrado. Comenzaron a tratar a sus hijos dejando a un lado sus conflictos personales. La reconciliación no significa que las personas vuelvan a estar juntas, sino significa que pueden vivir en armonía, sin transmitir hostilidad a los hijos.

Día 22

Respeto — *Gánatelo*

Presentándote tú en todo como ejemplo de buenas obras; en la enseñanza mostrando integridad, seriedad, palabra sana e irreprochable, de modo que el adversario se avergüence, y no tenga nada malo que decir de ustedes."
—Tito 2:7–8 (RVR)

Honra a tu padre y a tu madre, que es el primer mandamiento con promesa; para que te vaya bien, y seas de larga vida sobre la tierra.
—Efesios 6:2–3 (RVR)

No podemos exigir respeto de nuestros hijos, tenemos que ganarlo con más que nuestras palabras. Nuestro estilo de vida les enseñará más que todas las palabras que podamos usar. En el primer pasaje, Tito nos está enseñando a ser un ejemplo que nuestros hijos puedan imitar.

¿Tú respetas a tus padres? Si tienes padres que fueron malos padres, ¿hablas mal de ellos con tus hijos? Dios nos ordena honrarlos con nuestras palabras y nuestras acciones, no porque lo merezcan, sino para que podamos enseñarlo. No mientas sobre quiénes fueron, pero tampoco los critiques.

¿Tratas a tus hijos con respeto incluso cuando no estás de acuerdo con ellos? Respétalos por quienes son como personas utilizando palabras de corrección o enseñanza amables y alentadoras, pero no cedas a tu rol de autoridad como madre.

¿Tratas a los que están en autoridad con respeto? Si no es así, entonces tu ejemplo muestra rebeldía contra las autoridades. A tus hijos les será difícil respetar al maestro, un jefe o las leyes si no respetan la autoridad.

Hoy es un nuevo día. Examina cómo tratas a otros, pero no te culpes. Cuando te sientas enojada y quieras levantar la voz o gritar, toma un minuto para calmarte y así puedas evitar perder el control. Si estás enojada con tu jefe, líder en la iglesia o exesposo, piensa cómo tus acciones serán interpretadas por tus hijos.

El respeto se gana, no se demanda. Será mucho más fácil enseñarle a tus hijos a respetar si te ven que tú tratas a otros con respeto, perdón y amabilidad. Las acciones siempre hablan más que las palabras. .

Hoy: Si necesitas pedir perdón por algún comportamiento, hazlo. Haz algo pequeño para demostrarle a tus hijos un acto de respeto; di algo bueno sobre su papá, del jefe del que te has estado quejando, de la iglesia que tal vez te hirió, etc. Comienza a edificar un nuevo estilo de vida de respeto a los demás, porque segamos lo que cosechamos.

••••••

Conocí a una mujer joven que lo que más deseaba en el mundo era tener un bebé varón. Cuando su bebé nació, era niña y ella estaba tan decepcionada que no podía amarla. La bebé terminó en el hospital por retraso en su crecimiento; básicamente no recibía amor y no la cuidaban. Sé que este es un ejemplo extremo, pero prueba cuánto necesitan nuestros hijos aceptar quiénes son, respetar sus personalidades y enséñales a ser adultos buenos y sanos. Tener hijos no se trata de cubrir nuestras necesidades emocionales, sino cubrir las necesidades de nuestros hijos y prepararlos para un futuro exitoso. ¡Así nos ganamos su respeto!

Día 23

Amistades — *Fórjalas*

Qué alegría para los que no siguen el consejo de malos, ni andan con pecadores, ni se juntan con burlones. Sino que en la ley del Señor se deleita, y día y noche medita en ella.
—Salmos 1:1–2 (NTV)

Quizá tengas muchos amigos o muy pocos, pero lo que importa es tener buenos y sanos amigos. ¿Qué los hace sanos? Los amigos sanos no tienen hábitos destructivos como el uso de drogas o alcohol, reacciones violentas, amigos que dan miedo o simplemente no tienen amigos.

Con frecuencia, cuando estamos cambiando la dirección de nuestras vidas o persiguiendo nuevas metas, las viejas amistades pierden su atracción. Algunos amigos tal vez no sean "malas personas", pero ya no te ayudan a alcanzar tus objetivos. Quizá sean negativos, opositores, personas infelices que no te dan ánimo o te impulsan.

El versículo del día de hoy nos habla acerca del gozo que encontramos en las amistades que no están relacionadas con la maldad (lo malo), pecado (viviendo en contra de la Palabra de Dios), o burlones (que les gusta ridiculizar y hacer sentir menos a otros). Continua diciendo que los amigos se deleitan el la ley del Señor, meditando en ella de día y de noche. Esto no significa que están sentados todo el día leyendo la Biblia, sino que significa que saben qué es lo que le agrada a Dios y viven de acuerdo con lo que enseña todos los días. Esto quizá signifique dejar de frecuentar lugares donde convivías con ellos, cambiar de trabajo, encontrar un nuevo pasatiempo o ser voluntaria en algún otro lugar.

Hoy: Evalúa tus amistades, una por una. Si tienes amigos que te hacen sentir menos o te hacen retroceder, quizá sea tiempo de separarte de ellos. Quizá esto no sea permanente, pero sí necesario hasta que ya no puedan influenciarte. Haz una lista de lugares donde podrías hacer nuevos amigos, y da un paso hacia tu meta de esta semana.

• • • • • •

El sarcasmo se había convertido en mi muro de protección. Podía desahogarme y enojarme, sentirme con miedo o insegura y utilizar ocurrencias para evitar la confrontación. Pero el sarcasmo sólo es ira encubierta. Alimentaba mi sarcasmo con amigos sarcásticos.

Un día mi hijo me hizo ver, en medio de uno de mis comentarios sarcásticos, que no era correcto hablar sobre las personas así. ¡De la boca de los niños! (Salmos 8:2). Le había enseñado algo, pero yo estaba viviendo lo contrario. Trabajé duro para superar mis miedos para poder enfrentar situaciones y a personas de formas más sanas. Aprendí expresiones emocionales sanas y honestas para situaciones de confrontación, esto me ayudó a hacer nuevos amigos. Ahora ya no alejo a las personas o atraigo a los amigos incorrectos debido a mis comentarios sarcásticos y cortantes.

Día 24

Corazón fuerte — *Edifícalo*

Sobre todas las cosas cuida tu corazón, porque este determina el rumbo de tu vida.
—Proverbios 4:23 (NTV)

Este pasaje nos dice que tenemos que guardar nuestro corazón porque éste determina el rumbo de nuestra vida. ¿Cómo es eso posible?

Bueno, si tú tienes un corazón duro, no permites que haya amor en tu vida. Si tienes un corazón deshonesto (manipulador o mentiroso), no se puede confiar en ti. Si tú permites que la pornografía u otras cosas sucias entren a tu corazón, se convertirán en cosas que persigas y busques. Si tú constantemente dices y crees que no puedes, no lo vas a lograr.

¿Cómo guardas tu corazón? Proverbios continúa:
Evita toda expresión perversa; aléjate de las palabras corruptas. Mira hacia adelante y fija los ojos en lo que está frente a ti. Traza un sendero recto para tus pies; permanece en el camino seguro. No te desvíes, evita que tus pies sigan el mal.
—Proverbios 4:24–27 (NTV)

Creo que la Escritura lo dice todo. Un corazón fuerte se edifica con lo que lo alimentamos.

Hoy: Comienza a guardar tu corazón al analizar qué es lo que estás dejando que entre en él. Enlista lo que te hace fuerte y lo que te detiene a alcanzar tus metas futuras o lo que dificulta tus relaciones. Elige un "hábito malo para el corazón" que vas a eliminar hoy.

• • • • • •

Irene había caído en el hábito de ver telenovelas todo el día. De repente, ya no se sentía feliz con su vida. Su esposo ya no daba el ancho, sus hijos no la hacían feliz y ya no le gustaba su casa. Estaba a punto de dejar a su esposo e hijos cuando se dio cuenta de lo que estaba haciendo. Ella dejó que las vidas irreales y miserables de la televisión introdujeran a su vida y hogar intranquilidad e insatisfacción. Algo tan simple como una telenovela casi le cuesta la familia que amaba. Una vez que la televisión se apagó (y lo hizo de manera radical), Irene encontró propósito y gozo en su vida y en su familia otra vez.

Día 25

Éxito — *Alcánzalo*

Pon todo lo que hagas en manos del Señor, y tus planes tendrán éxito. —Proverbios 16:3 (NTV)

¿Quieres tener éxito en tu trabajo o en tu papel de madre? Ponlos en las manos del Señor primero.

Con mucha frecuencia hacemos lo que queremos, sin considerar las Escrituras, la oración o la voluntad de Dios hacia nosotros. Se requiere de práctica para cambiar nuestra forma de pensar y poner a Dios en primer lugar en nuestros planes.

Éxito en la crianza de tus hijos: La Biblia ofrece muchos consejos sobre métodos de crianza, incluyendo cómo enseñar, disciplinar y amar a tus hijos. También hay miles de libros sobre cómo criar a los hijos. Leer te ayuda a tener éxito.

Éxito en tu trabajo: ¿Tienes el trabajo que quieres o tienes que orar por el trabajo que te gustaría tener? ¿Le has pedido a Dios de su gracia y has sido una buena empleada dondequiera que estés trabajando hoy? ¿Has buscado capacitación para subir de puesto en tu trabajo actual, confiando en que Dios abrirá las puertas correctas en el momento correcto para un ascenso? Casi siempre somos rápidas para quejarnos, echarle la culpa a alguien y dejar a Dios fuera de nuestros planes.

El éxito no sólo se trata de dinero. Dios nos bendice también con éxito emocional, espiritual y familiar, cuando ponemos nuestra vida en sus manos.

Hoy: Escribe la metas que quieres alcanzar. Ponlas en las manos de Dios en oración. Pide sabiduría y dirección. Da un paso hacia el éxito con una de tus metas esta semana.

• • • • • •

Abi quería ser una trabajadora social, pero era madre soltera con tres niños. Había batallado durante toda la preparatoria debido a la dislexia no diagnosticada y sólo tenía su certificado de ese nivel. Después de haber invitado a Jesús a su vida, se comprometía a seguirlo primero a él. Esto significaba cambiar amistades, actitudes y su baja autoestima. Puso en las manos de Dios su deseo de hacer una carrera y le pidió ayuda.

Abi pudo obtener becas y trabajó duro por varios años. Ahora tiene su título y encontró el trabajo de sus sueños. El ganar confianza y poner a Dios en primer lugar también tuvo un efecto en sus relaciones. Abi ahora está casada con un hombre maravilloso y juntos trabajan para hacer de su familia combinada un éxito con Dios guiándolos.

Día 26

Esperanza para el día hoy — *Recíbela*

Los que viven al amparo del Altísimo encontrarán descanso a la sombra del Todopoderoso. Declaro lo siguiente acerca del Señor: Solo él es mi refugio, mi lugar seguro; él es mi Dios y en él confío.
—Salmos 91:1–2 (NTV)

¿Te despertaste sin esperanza, pensando que no hay nada bueno en tu vida? o ¿Te levantaste sintiéndote abrumada por todo? Bueno, el pasaje de hoy se escribió en tiempos de gran aflicción para animarnos. Hay un lugar donde podemos encontrar esperanza. Cuando aprendemos a confiar en Dios, encontramos la paz que estamos buscando.

Por todos lados nos presionan las dificultades, pero no nos aplastan. Estamos perplejos pero no caemos en la desesperación. Somos perseguidos pero nunca abandonados por Dios. Somos derribados, pero no destruidos. —2 Corintios 4:8–9 (NTV)

El apóstol Pablo amaba a Dios, servía a Dios, y estaba predicando un mensaje de esperanza al compartir estas palabras de ánimo a la gente de Corinto. Incluso cuando él hacía todo bien, encontraba oposición. Se sentía presionado por los problemas y confundido por sus situaciones, pero no estaba "aplastado","en desesperación o "destruido" por las circunstancias desconcertantes. ¿Por qué? ¡Porque sabía que Dios nunca lo abandonaría! No estaba viviendo todo eso solo. Él creía que Dios le daría alivio y lo rescataría.

Pablo quería que los corintios supieran, y Dios quiere que sepamos esto también, que Dios es nuestra fortaleza y nuestro escudo cuando nos sentimos presionadas o sin esperanza.

Hoy: Acércate a Dios en oración y adoración. Descansa en su presencia. Reúne suficiente fe, que Dios te dará la fuerza que necesitas para hoy, sólo hoy.

• • • • • •

Con frecuencia me iba a la cama con miedo, confusión e ira. Trataba de encontrar respuestas, de encontrar paz, trataba de no entrar en pánico por satisfacer nuestras necesidades. Años antes había memorizado el Salmo 91, y lo volví a recordar en esas noche o madrugadas. Lo repetía en mi mente y me veía a mí misma en paz con Dios protegiéndome, cubriéndome y proveyendo lo que necesitaba. Encontré mi paz en el "amparo del Altísimo" mientras me enfrentaba todos los días al miedo y la confusión.

Día 27

Esperanza para el día de mañana — *Espérala*

Alumbrando los ojos de vuestro entendimiento, para que sepáis cuál es la esperanza a que él os ha llamado, y cuáles las riquezas de la gloria de su herencia en los santos, y cuál la supereminente grandeza de su poder para con nosotros los que creemos, según la operación del poder de su fuerza...
—Efesios 1:18–19 (RVR)

Si has estado luchando y sintiendo que no hay esperanza, lee este pasaje una y otra vez. Él desea que conozcas "la superinminente grandeza de su poder, según la operación de su fuerza." Esto viene a través de nuestra fe y al confiar en él.

Él nunca promete que la vida será fácil, pero sí nos promete contentamiento, gozo, paz y un futuro que quizá todavía no alcancemos a ver, pero él lo ha estado planeando desde el principio de los tiempos.

Porque yo sé muy bien los planes que tengo para ustedes —afirma el Señor—, planes de bienestar y no de calamidad, a fin de darles un futuro y una esperanza.
—Jeremías 29:11 (NVI)

No siempre podemos ver esos planes, y es por eso que la vida como seguidores de Cristo es una aventura.

Incluso si pasamos por dificultades, él nos sorprende con buenas cosas.

Puedes quedarte toda apagada y triste, esperando que algo malo pase otra vez, o puedes aceptar que estás viviendo un momento difícil, pero que no será permanente. Hay algo bueno al final del túnel. Hay un promesa de esperanza y un futuro con Dios. No mires atrás, no te quedes atorada, sino "fija tus ojos en Jesús" para que puedas comenzar a ver las oportunidades que Dios tiene para ti en el futuro.

Hoy: No mires hacia atrás. Encuentra algo bueno en tu día y cree que Dios tiene algo mejor para ti más adelante. Incluso si no puedes verlo, ¡comienza a esperarlo!

• • • • • •

Jenna vino a un retiro muy quebrantada. Su exesposo había quemado toda su ropa. Vino sólo con la ropa que traía puesta, esperando nada, pero buscando una esperanza. Lo primero que encontró fue a mujeres que se preocupaban por ella, luego encontró un cuarto lleno de ropa para que ella escogiera. Esta ropa había sido recolectada y organizada para este evento de madres solteras. Casi todo era nuevo o seminuevo, incluyendo zapatos, vestidos y ropa casual, ropa interior nueva y accesorios. Jenna pudo recuperar su guardarropa para poder trabajar y vivir. Todo fue gratis. Llegó vacía, derrotada y con ira, esperando nada del futuro. Pero se fue a casa con amor en su corazón, ropa para su cuerpo, con esperanza y expectativa. Mientras el enemigo intenta robar nuestra esperanza todos los días, la Palabra de Dios y su pueblo nos ofrecen esperanza continuamente.

Día 28

Transporte — *Pruébalo*

Hijo mío, no pierdas de vista el sentido común ni el discernimiento. Aférrate a ellos, porque refrescarán tu alma; son como las joyas de un collar. Te mantienen seguro en tu camino, y tus pies no tropezarán. —Proverbios 3:21–23 (NTV)

Quizá esto parezca un poco extraño de esperar, pero muchas mamás luchan para encontrar un transporte bueno y seguro para ellas y sus hijos. Si necesitas un medio de transporte, ora. ¡Dios puede hacer lo imposible!

El transporte es importante. Nos lleva al trabajo a nosotras, a nuestros hijos, a la escuela y a todos, a las actividades sociales. Si vives lejos del transporte público, necesitas un auto. Si vives en la ciudad, necesitas transporte seguro. Esto no es una sorpresa para Dios.

Si dependes del transporte público, ora por protección y amistades para que no viajes sola. Ten siempre listo el pasaje o tu tarjeta para que puedas entrar y salir rápidamente. Presta atención a tus alrededores, sé sabia y atenta.

Si necesitas un auto, pídele a Dios que te provea uno. Pero también tú prepárate para comprar un auto cuando se dé la oportunidad teniendo ahorros y buen crédito.

Dios provee de muchas formas. Podría contarte a cuántas mamás solteras se les ha dado un carro o se les ha ofrecido un carro muy barato. Cuando eres fiel a Dios, él es fiel a ti. Pero no te sientes y simplemente esperes ese auto, haz un plan para comprarlo. Empieza a tener esperanzas de conseguir un auto en buenas condiciones que cubra tus necesidades.

Hoy: Si tú o tus hijos necesitan un automóvil, ora a Dios por una provisión milagrosa y protección. Ora diario, fervientemente, ora creyendo que él va a contestar. Y separa dinero hoy con el propósito de ahorrar para ese auto.

• • • • • •

Cuando no tenía carro, mi pastor me dijo que él tenía uno que no servía en su garaje. Salió a prenderlo y arrancó, así que me lo trajo para que lo usara hasta donde pudiera. Lo usé todos los días y siempre que lo necesitaba. Meses después, cuando pude comprar un auto barato propio, le regresé su auto. Nunca volvió a prender, y tuvo que venderlo como fierro viejo. Pero nota que busqué comprar un coche propio, no sólo esperé a que ese coche dejara de funcionar, lo cual era seguro que pasaría y me dejaría varada. Continué orando por un buen coche propio, y Dios me envió un auto que pude costear.

Día 29

Sabiduría — *Aprende*

Así también, la sabiduría es dulce a tu alma. Si la encuentras, tendrás un futuro brillante, y tus esperanzas no se truncarán. —Proverbios 24:14 (NTV)

Consigue todo el consejo y la instrucción que puedas, para que seas sabio por el resto de tu vida. —Proverbios 19:20 (NTV)

"Y si alguno de vosotros tiene falta de sabiduría, pídala a Dios, el cual da a todos abundantemente y sin reproche, y le será dada". —Santiago 1:5

Vivimos en un tiempo y en una era donde necesitamos toda la sabiduría que podamos encontrar para criar a nuestras familias y tener éxito en la vida. Pero la sabiduría no va a caer del cielo, tenemos que buscarla.

No te conformes con un poco de conocimiento. Ve más allá en tu educación. Si no te es posible hacerlo, lee, estudia, aprende y crece yendo a la biblioteca local o en línea.

La sabiduría también se encuentra en personas, no sólo en los libros. Comienza a observar a las personas que tienen éxito en las áreas en las que tú quieres ser exitosa (crianza de los hijos, una carrera, autodisciplina, temperamento, etc.). Observa, aprende y busca mentores en tu iglesia o en tu lugar de trabajo.

Hay muchos pasajes de la Biblia sobre la adquisición de sabiduría porque provoca que vivamos vidas santas y plenas. No te detengas en obtener sabiduría en el área donde la estás necesitando.

Hoy: Pregúntate a ti misma en qué áreas necesitas sabiduría y de quién podrías aprender a ser sabia. Haz una cita para reunirte con esa persona y pídele que te mentoree en esa área. Si no pueden ayudarte, sigue buscando. Dios proveerá la persona correcta en el tiempo correcto para que tú puedas aprender de ella. Aparta un tiempo para buscar libros que puedan ayudarte, ya sea en línea o en tu biblioteca local.

• • • • • •

Marla quería que alguien la mentoreara en su trabajo. Le pidió a una persona en la que confiaba que la mentoreara y le dijo que sí, pero luego, esta persona tuvo que cambiar de empleo y se retractó de su compromiso. Marla estuvo enojada por mucho tiempo, se sintió rechazada por esta persona y se rehusó a pedirle a alguien más que la mentoreara. Un año después, decidió pedirle a otra persona que la ayudara. Y esa fue la persona correcta. Es triste que Marla desperdició poco más de un año sintiendo lástima por sí misma, pero fue bueno que al final buscó ayuda. Terminó siguiendo la trayectoria que quería gracias a que aprendió de su mentor. No te des por vencida o te sientas rechazada, sigue buscando un mentor y Dios proveerá la persona indicada.

Día 30

Victoria — *Practícala*

Y les dirá: ¡Préstenme atención, hombres de Israel! ¡No tengan miedo cuando salgan hoy a pelear contra sus enemigos! No se desanimen ni se asusten, ni tiemblen frente a ellos. ¡Pues el Señor su Dios va con ustedes! ¡Él peleará por ustedes contra sus enemigos y les dará la victoria!.
—Deuteronomio 20:3–4 (NTV)

Quizá te sientas derrotada hoy, pero Dios quiere que sepas que hay victoria en él. No te des por vencida, no pierdas la esperanza o entres en pánico. Confía que él te dará la victoria. Esto no es fácil de hacer cuando estás enfrentando un problema enorme, pero sí ya has hecho todo lo que podías, es tiempo de descansar en él.

Si este siervo de Su Majestad ha matado leones y osos, lo mismo puede hacer con ese filisteo pagano, porque está desafiando al ejército del Dios viviente. El Señor, que me libró de las garras del león y del oso, también me librará del poder de ese filisteo.
—1 Samuel 17:36–37 (NVI)

En este capítulo, David se enfrenta a Goliat, un gigante que estaba amenazando a toda la nación de Israel.

Nadie tenía el suficiente valor para enfrentar a Goliat hasta que un pastor de ovejas adolescente llamado David apareció. Cuando Goliat habló en contra de Dios, David se levantó. David recordó las victorias pasadas que Dios le había dado para fortalecer su fe. David sabía que no podía derrotar a este gigante en sus fuerzas, su esperanza estaba en Dios y en que él le daría la victoria

Si necesitas una victoria, recuerda estas palabras: *¡Pues el Señor su Dios va con ustedes! ¡Él peleará por ustedes contra sus enemigos y les dará la victoria!* —*Deuteronomio 20:4 (NTV)*

Hoy: ¿Puedes pensar en al menos una victoria (o más) que Dios te haya dado desde que viniste a él? Trae a la memoria tus victorias, espera que Dios te la dé nuevamente y confía en su poder, no en el tuyo. Haz todo lo que puedas para prepararte, luego confía a él los resultados.

• • • • • •

Susana había perdido toda esperanza de ganar una batalla en la corte contra su esposo, quien continuamente la hacía llegar hasta esa instancia. Parecía que él ganaba a pesar de las declaraciones juradas sobre su comportamiento, sobre su problema de alcoholismo y de conducción bajo la influencia de drogas y el miedo que le tenían sus hijos. Susana se sentía muy derrotada. Su victoria tardó en llegar, pero llegó. Le dieron la casa, le negaron a él la pensión que había solicitado y los niños al fin fueron liberados de las visitas forzosas.

Nuestro tiempo no siempre es el tiempo de Dios, pero él nos dará la victoria mientras permanezcamos firmes en nuestra fe.

Metas personales:

Versículos bíblicos que memorizaré:

Notas: